Talha Alp

Bedarfsorientierter und effizienter Einsatz von IT-Ressourcen (Cloud Computing)

Ein Vergleich zwischen jungen Start-Ups und etablierten Unternehmungen

GRIN Verlag

Bibliografische Information der Deutschen Nationalbibliothek:

Die Deutsche Bibliothek verzeichnet diese Publikation in der Deutschen National-bibliografie; detaillierte bibliografische Daten sind im Internet über http://dnb.d-nb.de/ abrufbar.

Dieses Werk sowie alle darin enthaltenen einzelnen Beiträge und Abbildungen sind urheberrechtlich geschützt. Jede Verwertung, die nicht ausdrücklich vom Urheberrechtsschutz zugelassen ist, bedarf der vorherigen Zustimmung des Verla-ges. Das gilt insbesondere für Vervielfältigungen, Bearbeitungen, Übersetzungen, Mikroverfilmungen, Auswertungen durch Datenbanken und für die Einspeicherung und Verarbeitung in elektronische Systeme. Alle Rechte, auch die des auszugsweisen Nachdrucks, der fotomechanischen Wiedergabe (einschließlich Mikrokopie) sowie der Auswertung durch Datenbanken oder ähnliche Einrichtungen, vorbehalten.

Impressum:

Copyright © 2012 GRIN Verlag GmbH
Druck und Bindung: Books on Demand GmbH, Norderstedt Germany
ISBN: 978-3-656-40231-2

Dieses Buch bei GRIN:

http://www.grin.com/de/e-book/209107/bedarfsorientierter-und-effizienter-einsatz-von-it-ressourcen-cloud-computing

GRIN - Your knowledge has value

Der GRIN Verlag publiziert seit 1998 wissenschaftliche Arbeiten von Studenten, Hochschullehrern und anderen Akademikern als eBook und gedrucktes Buch. Die Verlagswebsite www.grin.com ist die ideale Plattform zur Veröffentlichung von Hausarbeiten, Abschlussarbeiten, wissenschaftlichen Aufsätzen, Dissertationen und Fachbüchern.

Besuchen Sie uns im Internet:

http://www.grin.com/

http://www.facebook.com/grincom

http://www.twitter.com/grin_com

RUHR-UNIVERSITÄT BOCHUM

Fakultät für Wirtschaftswissenschaft

Bachelorarbeit

im Studiengang Management and Economics

(Wirtschaftswissenschaft)

zur Erlangung des Grades Bachelor of Science

über das Thema:

Bedarfsorientierter und effizienter Einsatz von IT-Ressourcen

– Ein Vergleich zwischen jungen Start-Ups und

etablierten Unternehmungen

Lehrstuhl für Wirtschaftsinformatik

von cand. rer. oec. Talha Alp

Abgabedatum: Dienstag, den 18.12.2012

Abstract

Cloud-Computing bedeutet frei übersetzt „Computersystem auf der Wolke". Es ist die Möglichkeit, IT-Ressourcen wie Speicherkapazität, Rechenleistung oder CRM-Software als Unternehmung von einer virtuellen Cloud abzurufen, zu nutzen und je nach Nutzung zu bezahlen. Unternehmungen stellen diese genannten Ressourcen also nicht selber zur Verfügung, sondern nutzen eine Ansammlung von IT-Ressourcen eines externen Anbieters über das öffentliche Internet.

Das Cloud-Computing ermöglicht es den Unternehmungen, die Ressourcennutzung effizient zu gestalten und je nach Verbrauch individuell und flexibel zu skalieren.

Jedoch ist es bei der Betrachtung und Bewertung des Cloud-Einsatzes innerhalb von Unternehmungen wichtig zu differenzieren, welche Wirkung und welchen Einfluss der bedarfsorientierte und effiziente Ressourceneinsatz in Unternehmungen verschiedener Stadien hat. Hierfür werden zunächst Schlüsselgrößen oder Merkmale dargestellt und im Verlauf der wissenschaftlichen Betrachtung herangezogen.

Die wissenschaftliche Arbeit gliedert sich in mehrere Abschnitte. Im zweiten Abschnitt soll eine Abgrenzung und Betrachtungsweise der Unternehmensstadien erfolgen. Hierbei werden quantitative und qualitative Aspekte je nach Unternehmensstadium dargestellt. Im weiteren Verlauf wird die IT-Nutzung in Unternehmungen erfasst und beschrieben. Im dritten Abschnitt werden grundlegende Informationen und Definitionsversuche des Cloud-Computings erläutert. Auch werden wirtschaftliche, technische und rechtliche Dimensionen des Cloud-Einsatzes in Unternehmungen durchleuchtet, welches auch grundlegende Informationen für die Betrachtung im Hauptteil liefert.

Im Hauptteil wird eine, je nach Unternehmung gesonderte SWOT-Analyse auf Grundlage der gesammelten Erkenntnisse durchgeführt. Dabei werden bestimmte Aspekte aufgegriffen, fortgeführt und miteinander verglichen.

In der Schlussbetrachtung werden die Erkenntnisse zusammenfassend dargestellt und ein Fazit gezogen.

Inhaltsverzeichnis

Abbildungsverzeichnis

Abkürzungsverzeichnis

BITKOM	Bundesverband Informationswirtschaft, Telekommunikation und Medien
BMWi	Bundesministerium für Wirtschaft und Technologie
B2B	Business-to-Business
B2C	Business-to-Consumer
CEO	Chief Executive Officer
CRM	Customer-Relationship-Management
EDV	Elektronische Datenverarbeitung
ERP	Enterprise-Resource-Planning
et al.	et alii
EU	Europäische Union
e.V.	eingetragener Verein
IaaS	Infrastructure-as-a-Service
IT	Informationstechnologie
KMU	Kleine und mittlere Unternehmungen
PaaS	Platform-as-a-Service
PAYG	Pay-as-you-go
SaaS	Software-as-a-Service
SLA	Service Level Agreement
SWOT	Strengths (Stärken), Weaknesses (Schwächen), Opportunities (Chancen) und Threats (Risiken)
XaaS	Anything-as-a-Service

1 Einleitung

Elementar notwendige Ressourcen werden mittlerweile vermehrt on Demand, also auf Abruf, bereitgestellt, um so den neuen Anforderungen des sich immer dynamischer entwickelnden Marktes gerecht zu werden. Nur so lassen sich Schwankungen im Bedarf und im Einsatz von Ressourcen innerhalb einer Unternehmung signifikant dämpfen und kann eine optimale Ressourcenauslastung gewährleistet werden.

Diese Tendenz zieht auch in den IT-Abteilungen von Unternehmungen ein und führt so zu einer Optimierung und Beschleunigung der Geschäftsprozesse. Der bedarfsorientierte Einsatz von IT-Ressourcen wie beispielsweise Rechenleistungen, Speicherkapazität oder Software mittels neuartiger Cloud-Lösungen ermöglicht es Unternehmungen, kostensparend und hochgradig effizient und flexibel zu agieren.[1] Auf diese Weise können sie wertvolle IT-Ressourcen in Anspruch nehmen, ohne selber in den Aufbau und den physischen Betrieb einer hierfür erforderlichen IT-Infrastruktur zu investieren. Je nach Unternehmensstadium und Organisationsform können dem Einsatz von dynamischen und ausgelagerten IT-Ressourcenlösungen unterschiedliche Entscheidungsparameter zugrunde liegen und andere Stärken und Schwächen aufweisen.

Neben etablierten Unternehmungen haben auch Neugründungen, sogenannte Start-Up-Unternehmungen[2] mögliche Potentiale einer bedarfsorientierten IT-Infrastruktur für sich erkannt. Diese kann in den Anfangsstadien einer Unternehmung als Mittel verwendet werden, um trotz des erhöhten unternehmerischen Gründungsrisikos innovative und moderne IT-Ressourcen in Anspruch zu nehmen.

Der Einsatz von effizienten IT-Ressourcenlösungen mittels Cloud-Diensten in mittelständischen Unternehmungen stieg laut einer Studie von Techconsult im ersten Quartal 2012 auf 17 % an.[3] Erhebungen über die weitere Nutzung der in mittelständischen Unternehmungen angewandten Cloud-Dienste lassen darauf schließen, dass insbesondere der Mittelstand von den innovativen IT-Lösungen

---

[1] Vgl. BITKOM (2010), S. 6 und S. 13.
[2] Im Folgenden werden diese Unternehmungen kurz Start-Ups genannt.
[3] Vgl. Techconsult (2012), S. 3.

1

profitiert. 90 % der Unternehmungen, die bereits Cloud-Dienste in Anspruch nehmen, geben zudem an, dass sie die Technologie zumindest für die kommenden drei Monate weiterhin in Anspruch nehmen werden.[4] Somit werden bedarfsorientierte und zugleich effiziente IT-Ressourcen zu einer dauerhaften Schlüsselgröße innerhalb von Unternehmungen und haben – so scheint es – durchaus das Potential für eine langfristige Integration in die internen Geschäftsprozesse.

Durch die Flexibilisierung der klassischen IT-Landschaften bahnt sich gleichzeitig ein Paradigmenwechsel in Unternehmungen an. Anstelle eines Rechenzentrums mit enormer Rechenleistung und Investitionen kommt die gesamte IT-Infrastruktur aus dem Netz, quasi wie der Strom aus der Steckdose. So beschrieb der IT-Experte und Publizist Nicholas G. Carr den revolutionären Wandel in der Wahrnehmung und den Einsatz der IT-Infrastruktur in Unternehmungen.[5]

Welche Stärken, Schwächen, Chancen und Risiken hat nun dieser neue Trend, elementare IT-Ressourcen wie Strom aus der Steckdose zu konsumieren? Welche Unterschiede gibt es ferner zwischen Start-Ups und etablierten Unternehmungen, wenn es um den bedarfsorientierten und wirtschaftlich effizienten Einsatz von diesen Ressourcen geht?

Vor dem Hintergrund der aufgeführten Fragestellungen soll diese wissenschaftliche Arbeit die Wahrnehmung und den Einsatz von effizienten und bedarfsorientierten IT-Ressourcen mithilfe von Cloud-Diensten in Unternehmungen verschiedener Stadien beleuchten und das Phänomen der flexiblen IT-Ressourcennutzung aus verschiedenen Blickwinkeln betrachten. Relevante Entscheidungsparameter werden je nach Unternehmensstadium dargestellt und erläutert.

Hierfür werden nach ausführlicher Abwägung in einer SWOT-Analyse auch relevante Entscheidungsparameter im Hinblick auf die Nutzung bzw. den Einsatz von Cloud-Lösungen in verschiedenen Unternehmensstadien dargestellt. Vorab werden in den Grundlagen neben wirtschaftlichen und technischen Fragestellungen auch rechtliche Dimensionen des bedarfsorientierten Ressourceneinsatzes kurz beleuchtet.

---

[4] Vgl. Techconsult (2012), S. 3.
[5] Vgl. Carr (2003), S. 6ff.

Die gesammelten Erkenntnisse sollen abschließend eine Bewertung und Auswertung aus unternehmerischer Sicht erlauben und mögliche Entwicklungen für Start-Ups und etablierte Unternehmungen darstellen.

2 Informationstechnologie in Unternehmungen

Der Einsatz von IT-Infrastruktur kann sich je nach Unternehmensstadium in seiner Einsatztiefe unterscheiden. Hier sollen zunächst die Unternehmensstadien voneinander abgegrenzt werden und anschließend soll auf die IT-Kompetenz in Unternehmungen eingegangen werden.

2.1 Abgrenzung der Unternehmensstadien

Unternehmungen durchleben von ihrer Gründung an verschiedene Stadien und Entwicklungsphasen. An dieser Stelle sollen die Unterschiede zwischen einer jungen, neu gegründeten Unternehmung und einer etablierten Unternehmung aufgezeigt und die Unternehmensstadien grob miteinander verglichen werden.

2.1.1 Start-Up-Phase

Bei der Abgrenzung eines Start-Ups zu einer etablierten Unternehmung gibt es keine einheitliche Definition. Das Alter der Unternehmung rückt bei diesem Aspekt praktischerweise in den Vordergrund und kann einfachheitshalber als Kriterium verwendet werden. Demnach beginnt die Start-Up-Phase einer Unternehmung mit der Gründung und soll etwa drei bis fünf Jahre andauern.[6] Diese Definitionsversuche beschränken sich lediglich auf die Jahre der unternehmerischen Tätigkeit, nicht jedoch auf die Unternehmensgröße. Demnach können Start-Ups als zumeist kleine Unternehmungen in der Anfangsphase betrachtet werden.

Im Rahmen dieser wissenschaftlichen Arbeit wird die Definition von Start-Ups indes etwas ergänzt. Der innovative Geist eines Start-Ups soll stärker in den Vordergrund rücken, da es sich als schwierig erweist, die Start-Up-Phase einer Unternehmung in den Kontext des Umsatzes oder der Rentabilität zu setzen. Allgemein kann festgehalten werden, dass die Start-Up-Phase eine Findungs- und Orientie-

---

[6] Vgl. Rothenberger (2012).

rungsphase in jungen Unternehmungen ist.[7] Dieser Aspekt wird auch durch Definitionsversuche von Steve Blank[8] unterstrichen:

„A startup is an organization formed to search for a repeatable and scalable business model.“[9]

Die ungewisse Findungs- und Orientierungsphase beflügelt bei Start-Ups womöglich die erhöhte Bereitschaft, sich Neuerungen und neuartige Lösungsansätze praktisch und schnell anzueignen, obgleich sie möglicherweise risikobehaftet sind.

Unternehmungen haben in der Start-Up-Phase die große Herausforderung, mit knappen finanziellen Mitteln ein funktionierendes Produkt zu definieren und erste Vermarktungserfahrungen zu sammeln. Oft wird die prekäre Situation dadurch verschärft, dass den großen Investitionen noch keine oder nur sehr niedrige Umsätze gegenüberstehen. In erster Linie wird in dieser Phase eine unternehmensinterne Infrastruktur aufgebaut und werden erste Produktions- und Vertriebserfahrungen auf dem Markt gesammelt.[10] Daher müssen Start-Ups die Weichen im Anfangsstadium richtig stellen, damit diese Phase mit signifikantem Erfolg überwunden werden und sich die Unternehmung am Markt etablieren kann. Darum sind der Erfolg und der brancheninterne Bekanntheitsgrad des Jungunternehmens von erheblicher Bedeutung.

Start-Ups zeichnen sich zumeist auch aufgrund fehlender unternehmerischer Praxiserfahrungen durch flachere Hierarchien und kürzere Entscheidungswege aus.[11] Hierbei ist zu unterstreichen, dass diese weniger strenge Form der Organisation nicht qualitätsmindernd bewertet werden sollte. Vielmehr fördern diese Art der Organisation und der unmittelbare Kontakt zwischen Mitarbeitern und Geschäftsleitung bei einer Entscheidungsfindung die individuelle Kreativität eines jeden Individuums in der Unternehmung. Dadurch sollte auch gewährleistet sein, dass neue Impulse schneller aufgenommen und in die unternehmensinterne Struktur

---

[7] Vgl. Böhm et al. (2005), S. 48.
[8] Blank ist ein US-amerikanischer Autor und Unternehmer. Er ist unter anderem Mitbegründer von PIXAR Animation Studios.
[9] Blank (2010).
[10] Vgl. Förderland (o.J.).
[11] Vgl. Fink (2012).

eingeflochten werden können als bei etablierten, sich bereits gefestigten Unternehmungen.

Aufgrund der geschilderten Gegebenheiten von Start-Ups scheint es immer wichtiger zu werden, dass nicht ausgeschöpfte Ressourcen vermieden und sowohl IT- als auch anderweitige Ressourcen zielgerichtet und je nach Bedarf eingesetzt werden. Somit können der flexible Bezug und die Anwendung von IT-Ressourcen die Effizienz der Unternehmung steigern und die finanzielle Lage infolge geringer Anfangsinvestitionen schonen.

2.1.2   Etablierte Unternehmungen

Dem Start-Up steht eine etablierte und in ihren Strukturen gefestigte Unternehmung gegenüber. Diese Unternehmungen sollten zumeist die erste Produktions- und Vermarktungsphase hinter sich gebracht, ihre Mitarbeiter in klare Strukturen und Positionen eingeordnet und ein unternehmerisches Bewusstsein entwickelt haben. Finanzielle Notlagen und Finanzierungsengpässe sollten überwunden sein, sodass die Absatz- und Umsatzzahlen Entwicklungspotentiale ermöglichen.

Der Terminus „etablierte Unternehmung" ist in der Praxis eine relativ breit gefasste Begrifflichkeit und müsste quantitativ eingegrenzt werden, damit ein Vergleich zu Start-Ups unternommen werden kann. Etablierte Unternehmungen sollen daher in dieser wissenschaftlichen Arbeit etablierte kleine und mittlere Unternehmungen – sogenannte KMU – sein. Hierfür erscheint es sinnvoll, auch eine allgemeine KMU-Definition heranzuziehen, zumal es unterschiedliche Größenordnungen bei der Definition gibt. Das Institut für Mittelstandsforschung in Bonn definiert KMU als Unternehmung mit einem Umsatz bis zu 50 Mio. Euro und einer Mitarbeiterzahl bis zu 499 Personen.[12]

Die Europäische Kommission hingegen hat in ihrer Kommissionsempfehlung von 2003 vorgeschlagen, Unternehmungen bis zu einem Umsatz von 50 Mio. Euro und weniger als 250 Mitarbeitern als KMU zu werten.[13]

Als Grundlage dieser Forschung werden die Richt- bzw. Schwellenwerte der EU-Kommission herangezogen, da eine breitere Definition der kleinen und mittleren

---

[12] Vgl. IfM (2012).
[13] Vgl. Europäische Kommission (2003), S. 39.

Unternehmungen den Rahmen der Abhandlung womöglich sprengen und die Untersuchung erschweren würde.

2.2   IT-Kompetenz in Unternehmungen

An dieser Stelle soll mit kurzen und prägnanten Beispielen gezeigt werden, wie sich der IT-Einsatz in Unternehmungen entwickelt hat. Dabei wird zur Verdeutlichung der Betrachtungswinkel zunächst auf die Computer- und Internetnutzung am Arbeitsplatz begrenzt. Diese Eingrenzung soll vereinfacht verdeutlichen, dass der Gebrauch von IT-Ressourcen innerhalb von Unternehmungen mittlerweile unumgänglich geworden ist.

Der flächendeckende Einsatz von Informations- und Telekommunikationstechnologie in Unternehmungen nimmt seit dem Internetboom (E-Business) stetig zu. Demnach war 2008 nur 1 % der mittelständischen Unternehmungen noch offline, hatte also weder Internet- noch E-Mail-Zugang.[14] Das untermauert auch eine aktuelle Erhebung des Statistischen Bundesamtes aus dem Jahr 2011. Im Jahr 2003 benutzten im Durchschnitt gerade einmal 46 % der Mitarbeiter während der Arbeit mindestens einmal pro Woche einen Computer. Dieser Anteil stieg bis 2011 auf knapp 63 % an.[15] In ausgewählten Branchen wie der Finanz- und Versicherungsbranche liegt der Anteil der Mitarbeiter mit Computernutzung am Arbeitsplatz bei über 98 %.[16]

Erweitert man die Betrachtung auf Customer-Relationship-Management-Systeme (CRM), wird deutlich, dass die Nutzung von IT-Ressourcen und die IT-Kompetenz innerhalb von Unternehmungen zunehmen. Unter Vernachlässigung der Branchen und Unternehmensgrößen gaben 2011 nur 8,4 % der Unternehmungen an, keine ERP-Systemlösungen zu verwenden. Für eine breite Masse von knapp 92 % sind demnach softwareunterstützte Prozesslösungen unumgänglich.[17]

Aus den statistischen Erhebungen ist ersichtlich, dass der IT-Einsatz innerhalb von Unternehmungen signifikant steigt und somit die IT-Kompetenz einer Unter-

---

[14] Vgl. Techconsult (2008), S. 23.
[15] Vgl. Statistisches Bundesamt (2011), S. 11f.
[16] Vgl. Statistisches Bundesamt (2011), S. 11ff.
[17] Vgl. Stegemann (2011), S. 17.

nehmung für den langfristigen Erfolg in dieser vernetzten Umgebung unumgänglich wird.[18]

Bei diesen Entwicklungen ist zu unterstreichen, dass selbstverständlich auch Neugründungen nicht auf den Einsatz von IT verzichten können. Start-Ups haben sogar eine weitaus größere Affinität zur Nutzung von IT in unternehmensinternen Strukturen.[19] Auch der nahezu synonyme Gebrauch der Begriffe Start-Up und IT-Start-Up im Fachjargon zeigt deutlich die Neigung zu einem erhöhten Einsatz von moderner IT-Infrastruktur in besagten Unternehmungen.[20] Diese jungen Start-Ups können relativ früh Entscheidungen treffen, wie die IT-Kompetenz entwickelt und fortgeführt werden soll, wohingegen bei etablierten Unternehmungen bereits feste IT-Strukturen vorhanden sein sollten und diese nicht ad hoc verändert werden können.

2.2.1   IT-Ressourcen in Unternehmungen

IT-Ressourcen sind informationstechnische Einsatzmittel in Unternehmungen, die zur elektronischen Datenverarbeitung (EDV) verwendet werden. Diese Ressourcen können bei der unternehmerischen Planung in Bezug auf Wirtschaftlichkeit, Organisation, technische Realisation, Datensicherheit etc. betrachtet und je nach Unternehmensart und -stadium bewertet werden. Die IT-Ressourcen können dabei in Hard- und Softwareressourcen unterteilt werden, wobei die Hardwareressource den grundlegenden Teil der IT-Infrastruktur innerhalb von Unternehmungen bildet. Es werden notwendige technische Möglichkeiten durch die Installation von Hardwarekomponenten wie Server geschaffen, sodass auch spezifische Software – beispielsweise in Form eines CRM-Systems – reibungslos auf dieser Basis funktionieren kann. Die aufgeführten Ressourcentypen lassen sich grundlegend aufschlüsseln und weiter konkretisieren, wovon aber hier abgesehen wird. Vielmehr soll unterstrichen werden, dass IT-Ressourcen – welcher Art auch immer – mittlerweile fester Bestandteil unternehmerischer Handlungen geworden sind.

IT-Ressourcen werden in den letzten Jahren immer mehr zu einem der wichtigsten Produktionsfaktoren der Leistungserstellung und Organisation innerhalb von Un-

---

[18] Vgl. Semmann (2011), S. 47.
[19] Vgl. Boos (2012).
[20] Vgl. BITKOM (2012), S. 2.

ternehmungen.[21] Obgleich die Informationstechnologie bislang nur als „Instrument zur Unterstützung laufender Geschäftsprozesse"[22] angesehen wurden, gewinnen sie in innerbetrieblichen Abläufen immer größere Bedeutung. IT-Ressourcen und die IT-gestützte Datenverarbeitung sind mittlerweile viel mehr als lediglich eine Service- bzw. Querschnittsfunktion in Unternehmungen.[23]

Bei ihrer Betrachtung muss man jedoch unterstreichen, dass statische Strukturen immer mehr in flexible und dynamische IT-Lösungen umgewandelt werden.[24] Die IT-Ressource wird so zu einer „flüssigen Ressource",[25] die jederzeit flexibel auf betriebliche Anforderungen abgestimmt werden kann und quasi auf Abruf zur Verfügung steht. Der Bezug von Hard- und Softwareressourcen wie beispielsweise Rechenleistung, Speicherkapazität oder die Erweiterung der Unternehmenssoftware mittels flexibler und auf die Anforderungen der Unternehmung angepasster Ressourcenlösungen schafft planerischen Spielraum und Anpassungsmöglichkeiten an neue, branchenspezifische Anforderungen.[26]

Obgleich sich die IT-Ressourcen in Start-Ups und etablierten Unternehmungen in ihrer Anwendung kaum unterscheiden, kann die Bereitschaft einer bedarfsorientierten und skalierbaren IT-Ressourcenlösung eine unterschiedliche sein. Das hängt oftmals damit zusammen, dass Start-Up-Unternehmungen noch keine feste IT-Infrastruktur besitzen, auf diese jedoch besonders angewiesen sind.[27]

2.2.2 Bedarfsorientierter und effizienter Einsatz von IT-Ressourcen

Effizienz und Bedarfsorientierung spielen bei den aktuellen Betrachtungen in Bezug auf den flexiblen Einsatz von IT-Ressourcen eine bedeutende Rolle. Die Überlegungen, IT-Ressourcen wirtschaftlich effizienter und quasi nach Bedarf abzurufen, sind vor diesem Kontext aktueller denn je.

Beim klassischen Outsourcing werden Betriebsaufgaben an einen externen, rechtlich eigenständigen Dienstleister ausgegliedert,[28] ganz gleich ob es sich um IT-

---

[21] Vgl. Rüter et al. (2010), S. 7f.
[22] TCW (2008).
[23] Vgl. Rüter et al. (2010), S. 8.
[24] Vgl. Wadsworth (2010), S. 9f.
[25] Wadsworth (2010), S. 7.
[26] Vgl. Stegemann (2011), S. 91.
[27] Vgl. T-Systems (o.J.), S. 14.
[28] Vgl. Jemili (2011), S. 10f.

Abteilungen handelt oder nicht. Das Outsourcing von IT-relevanten Anwendungen und Infrastruktur wird hingegen unter dem Oberbegriff IT-Outsourcing subsumiert. Dies umfasst jegliche Art von Outsourcing IT-relevanter Bereiche und Prozesse. Hierbei ist es entscheidend, dass Verantwortungsbereiche ebenfalls an den externen Dienstleister abgegeben werden.[29]

Für die Bereitstellung von flexibel skalierbaren IT-Ressourcen und IT-Dienstleistungen erweist sich Cloud-Computing als wachstumsstarke Alternative, weshalb es sinnvoll erscheint, dieses Phänomen näher zu betrachten.[30] Man kann Cloud-Computing grundsätzlich als eine „Spielart"[31] des IT-Outsourcings verstehen. Obgleich IT-Outsourcing und Cloud-Computing einige Ähnlichkeiten aufweisen, unterscheidet sich das Cloud-Computing vom klassischen Outsourcing darin, dass es die starren Strukturen auflöst und stattdessen dem Kunden bzw. Nachfrager flexible und anpassungsfähige Ressourcenlösungen bietet.[32] Beim Cloud-Computing bestellt, bezahlt und kündigt der Nachfrager die Dienstleistung eines Anbieters auf Wunsch relativ zeitnah, wohingegen man beim klassischen IT-Outsourcing durch starre vertragliche Strukturen und Vorgaben gebunden sein kann. Somit kann Cloud-Computing einen nennenswerten Mehrwert im Hinblick auf die optimale Ressourcennutzung für junge und etablierte Unternehmungen schaffen. Das ist auch der Grund, weshalb bei der Betrachtung des bedarfsorientierten und effizienten Einsatzes von IT-Ressourcen Cloud-Computing und dessen Chancen und Risiken aus verschiedenen Perspektiven analysiert und verglichen werden sollen.

3   Ausrichtung des Cloud-Computings

An dieser Stelle werden neben Definitions- und Abgrenzungsversuchen auch grundlegende Informationen und Ausprägungsarten des Cloud-Computings dargestellt, sodass für die vergleichende Herangehensweise im Hauptteil eine Grundlage geschaffen wird.

---

[29] Vgl. Hermes et al. (2005), S. 25.
[30] Vgl. BMWi (2011), S. 16f.
[31] BITKOM (2010), S. 27.
[32] Vgl. Novum (2011), S. 34.

3.1 Grundlegendes über Cloud-Computing

Cloud-Computing wird im Monitoring-Report Deutschland Digital des Bundes-
ministeriums für Wirtschaft und Technologie (BMWi) als Wachstumsfeld ange-
geben.[33] Suchanfragen nach dem Begriffspaar Cloud-Computing mithilfe der
Suchmaschine Google unterstreichen diesen Trend.[34]

Im folgenden Kapitel werden daher grundlegende Informationen über das Cloud-
Computing gegeben und das notwendige Hintergrundwissen vermittelt, um daraus
ein allgemeines Verständnis abzuleiten und eine analytische Betrachtung von
Start-Ups und etablierten Unternehmungen vornehmen zu können.

3.1.1 Definition des Cloud-Computings

Bis heute gibt es keine einheitliche Definition und Abgrenzung des Begriffs
Cloud-Computing, obwohl es ein Trend der letzten Jahre geworden ist. Verein-
facht lässt sich jedoch sagen, dass klassische Dienstleistungen im Rahmen des IT-
Outsourcings auf die neuen Gegebenheiten angepasst und umbenannt wurden.

Der CEO von Oracle, Lawrence J. Ellison brachte dies mit folgender Aussage
prägnant auf den Punkt:

*„We've redefined cloud computing to include everything that we already do, I
can't think of anything that isn't cloud computing with all of these announce-
ments.“*[35]

Im Rahmen dieser wissenschaftlichen Abhandlung soll die Cloud-Definition des
Bundesverbands Informationswirtschaft, Telekommunikation und neue Medien
e.V. (BITKOM) aus dem Jahr 2010 als Grundlage genommen werden:

*„Cloud Computing ist eine Form der Bereitstellung von gemeinsam nutzbaren
und flexibel skalierbaren IT-Leistungen durch nicht fest zugeordnete IT-
Ressourcen über Netze.“*[36]

---

[33] Vgl. BMWi (2010), S. 61ff.
[34] Vgl. Google Trends (2012).
[35] Fowler/Worthen (2009).
[36] BITKOM (2010), S. 13.

Zusammengefasst ist Cloud-Computing die Möglichkeit, auf eine Ansammlung von flexibel nutzbaren Ressourcen, die auf einer virtuellen Cloud, d.h. Wolke, angehäuft sind, zuzugreifen, ohne diese Ressourcen an einem Standort eigenständig bereitstellen zu müssen. Dabei hat man als Nutzer bzw. Nachfrager dieser Ressourcen die Möglichkeit, die Menge an Ressourcen flexibel, je nach Bedarf, zu bestimmen.

Cloud-Dienste, welche den nachfragenden Unternehmungen durch externe Dienstleister zur Verfügung gestellt werden, unterscheiden sich im Wesentlichen durch ihre „Fertigungstiefe"[37]. Diese sogenannten Serviceebenen des Cloud-Computings sind Bereitstellungsmodelle, mit denen die jeweiligen Dienste an den Nachfrager gebracht werden. Dabei bildet Infrastructure-as-a-Service (IaaS) die Grundlage der Cloud-Dienste, worauf Platform-as-a-Service (PaaS) und Software-as-a-Service (SaaS) aufbauen. Die vierte Ebene umfasst die nahezu unendlichen Möglichkeiten der Adaptation von notwendigen Ressourcen auf Cloud-Dienste und wird unter Anything-as-a-Service (XaaS) zusammengefasst.[38]

3.1.2 Merkmale des Cloud-Computings

Cloud-Computing und Cloud-Dienste haben mehrere charakteristische Merkmale, die sie von der klassischen Bereitstellung und Nutzung der IT-Ressourcen signifikant unterscheiden. An dieser Stelle werden einige wesentliche Merkmale des Cloud-Computings mithilfe von kurzen Erläuterungen dargestellt.

Das Internet

An oberster Stelle der Merkmale des Cloud-Computings stehen die Verfügbarkeit des Internets und vor allem der Gebrauch des Internets in den unternehmensinternen Prozessen und Strukturen. Man könnte sogar behaupten, dass das Internet als Key-Enabler-Technologie die Grundlage für den Cloud-Einsatz in Unternehmungen geschaffen hat. Bei der Bereitstellung von IT-Ressourcen über die Cloud spielt das Internet daher eine zentrale Rolle, zumal ohne Internetanbindung die angebotene Vielfalt des Cloud-Computings für Unternehmen wertlos wäre.

Flexibilität und Skalierbarkeit

---

[37] Boos (2012).
[38] Vgl. Haselmann/Vossen (2010), S. 14ff.

Das wohl prägendste Merkmal des Cloud-Computings sind die Bereitstellung und der Verbrauch von IT-Ressourcen je nach Bedarf. Unternehmungen können so äußerst flexibel auf konjunkturelle oder saisonale Schwankungen reagieren und diese Schwankungen innerhalb der Geschäftsprozesse signifikant auffangen. Das schafft Flexibilität und kann beispielsweise zu einer gesteigerten Kundenorientierung (B2C) und Optimierung der Lieferantenanbindung (B2B) der Unternehmung führen.

Hinzu kommt der Faktor der nahezu unendlichen Skalierbarkeit der bereitgestellten Ressourcen.[39] Unternehmungen können je nach Bedarf auch die Mengen der in Anspruch zu nehmenden Ressourcen bestimmen. Hierbei kann es sich beispielsweise um die Speicherkapazität handeln oder die exakte Rechnerleistung, die für eine spezifische Anwendung benötigt wird.

Verbrauchsabhängiges Abrechnungsmodell

Eines der bedeutendsten Merkmale auf betriebswirtschaftlicher Ebene sind die Zahlungs- und Abrechnungskonditionen für die Cloud-Dienste. Abgerechnet und bezahlt wird grundsätzlich nach dem Prinzip Pay-as-you-go (PAYG).[40] Die in Anspruch genommene virtuelle Ressource wird dabei grundsätzlich in Monatsintervallen abgerechnet[41], wobei auch unterschiedliche Zahlungsintervalle vereinbart werden könnten. Dieses Merkmal des Cloud-Computings ermöglicht es einem Start-Up oder einer etablierten Unternehmung, eine transparente Kostenstruktur nach dem Verursacherprinzip zu schaffen.

3.1.3 Cloud-Arten im Überblick

Cloud-Arten werden nach ihren Bezugsmodellen in der Anwendung unterschieden. Es gibt drei elementare „Wolken-Formationen"[42], die sich im Wesentlichen durch die Organisationsdimension unterscheiden. Neben den beiden Reinformen Public- und Private-Cloud gibt es die Hybrid-Cloud als eine Mischform der beiden genannten Arten.[43]

---

[39] Vgl. Meir-Huber (2010), S. 12f.
[40] Vgl. Böhm et al. (2009), S. 6f.
[41] Vgl. Meir-Huber (2010), S. 13.
[42] Heng/Neitzel (2012), S. 3.
[43] Vgl. Sosinsky (2011), S. 7f.

Private-Cloud

Die Private-Cloud ist eine Form der Bereitstellung und Nutzung von Leistungen für bestimmte Nutzer bzw. Nutzerkreise innerhalb einer Organisation.[44] Diese nicht-öffentliche Cloud ist zumeist ein eigenes Rechenzentrum innerhalb einer Unternehmung, worauf Mitarbeiter, Kunden oder Lieferanten Zugriff haben. Unter Umständen kann dieses Rechenzentrum auch von einem externen Anbieter bereitgestellt werden. Hierbei sind die Grenzen zum klassischen Hosting jedoch fließend.[45] Das Ausschlaggebende an der Private-Cloud ist, dass sie komplett in Eigenverantwortung von der jeweiligen Unternehmung betrieben wird. Entsprechende Software oder andere Dienste müssen gepflegt und Nutzungs- bzw. Zugriffsrechte für die Clients in Eigenverantwortung vergeben werden.[46]

Die Private-Cloud weicht vom modernen Verständnis der extern bezogenen Cloud-Dienste ab, da die Verwaltung dieser IT-Ressourcen nicht extern von einem Dienstleister durchgeführt wird. Diese nicht-öffentliche Cloud bietet größeren Konzernen und Organisationen die Möglichkeit, ein Betriebsumfeld nach Cloud-Design zu schaffen und die flexible Partizipation der einzelnen Organe zu fördern, ohne dabei die Kontrolle oder die Hoheit über die eigenen Daten und deren Schutz abzugeben. Die Ähnlichkeit zur traditionellen IT-Infrastruktur ohne Cloud-Computing innerhalb von Unternehmungen ist daher relativ groß.

Die Nutzung eines Private-Cloud-Systems scheint vor diesem Hintergrund lediglich für große Konzerne in Frage zu kommen, weshalb diese Art des Cloud-Computings aus dem Betrachtungsbereich dieser Arbeit fällt.

Public-Cloud

Die Public-Cloud unterscheidet sich von der Private-Cloud maßgeblich in der Hinsicht, dass die IT-Ressourcen durch einen externen Dienstleister in einer zentralen und nicht-unternehmensinternen Cloud bereitgestellt werden. Der Nachfrager ist nicht wie bei der Private-Cloud gleichzeitig der Inhaber dieser IT-Ressource oder eines Dienstes. Bei der Public-Cloud greifen mehrere Nachfrager

---

[44] Vgl. Heng/Neitzel (2012), S. 3.
[45] Vgl. Heng/Neitzel (2012), S. 3.
[46] Vgl. BITKOM (2010), S. 18.

auf die vom Dienstleister bereitgestellte Ressourcenbasis zu, wobei keine organisatorische Verbindung zwischen diesen gegeben sein muss.[47]

Hybrid-Cloud

Hybrid-Cloud leitet sich aus den beiden dargestellten Cloud-Arten ab und soll eine Kombination zwischen beiden bilden. Dabei wird eine Kombination aus eigenverantwortlichen und an externe Dienstleister übertragenen Kompetenzen gebildet. Mögliche Formationen wären beispielsweise die Bereitstellung eines Servers in einer Private-Cloud und der Bezug der Software von einer Public-Cloud.[48] Dabei können z.b. sensible Daten in der Private-Cloud belassen werden. Diese Kombination aus Private- und Public-Cloud bedarf selbstverständlich einer sicheren und überprüfbaren Schnittstelle zwischen beiden Cloud-Arten.

Aufgrund der Tatsache, dass die Private-Cloud-Aspekte große Schnittmengen mit der klassischen Bereitstellung und Nutzung von Ressourcen aufweisen und die Hybrid-Cloud einen Sonderfall darstellt, werden die Analyse und der Vergleich zwischen Start-Ups und etablierten Unternehmungen in dieser Abhandlung auf Grundlage der Public-Cloud-Aspekte verlaufen.

3.2 Dimensionen der Public-Cloud aus unternehmerischer Sicht

Einer Entscheidungsfindung bezüglich Cloud-Diensten auf Public-Cloud-Ebene liegen verschiedene Dimensionen des Cloud-Computings zugrunde. Hierzu zählen wirtschaftliche, technische und rechtliche Dimensionen, die im Folgenden erfasst und dargestellt werden. Diese Dimensionen und Aspekte spielen bei den Entscheidungsparametern von Start-Ups und etablierten Unternehmungen je nach Präferenzen direkt oder indirekt eine Rolle und beeinflussen die Entscheidungen innerhalb dieser Unternehmungen, ob und in welchem Umfang Cloud-Computing auf Public-Cloud-Basis angewandt werden soll oder nicht. Bei der nachfolgenden Vorstellung der Dimensionen soll vorerst nicht auf die Unterscheidung zwischen Start-Ups und etablierten Unternehmungen eingegangen werden, sondern sollen die Dimensionen, die den Entscheidungsparametern zugrunde liegen könnten, grob eingeteilt werden.

---

[47] Vgl. BITKOM (2010), S. 18.
[48] Vgl. BITKOM (2010), S. 18.

3.2.1 Wirtschaftliche Dimension

Cloud-Computing spielt unabhängig von der Größe der Unternehmung und davon, in welchem Umfang Cloud-Dienste in Anspruch genommen werden sollen, aus betriebswirtschaftlicher Betrachtung eine ganz besondere Rolle. Merkmale wie Skalierbarkeit und die Bereitstellung von Ressourcen auf Abruf nehmen bei der Bewertung des Cloud-Computings einen ebenso großen Stellenwert ein wie die nutzungsabhängige Abrechnung und Bezahlung der Ressourcen, als auch die möglichen Kosteneinsparungen. Diese sind betriebswirtschaftlich relevante Merkmale, die einen großen Einfluss bei der Entscheidungsfindung über Art und Umfang der IT-Ressourcen über die Cloud haben können.

Das Hauptargument einer Überlegung zur Einführung von Cloud-Computing in Unternehmungen ist zweifelsohne der realisierbare Kostenvorteil, der durch die effiziente Ressourcenauslastung und Nutzung geschaffen werden kann. Baun et al. stellen bei der Betrachtung des Cloud-Einsatzes als Ressourcenbereitstellungsmodell innerhalb von Unternehmungen die Wirtschaftlichkeit als einen der Vorteile des Cloud-Computings dar und führen auf, dass hierdurch „Fixkosten reduziert und in operative Kosten umgewandelt werden"[49]. Die Bereitstellung und der Betrieb von hauseigener IT-Infrastruktur übersteigen oftmals aufgrund der hohen Anschaffungskosten und der laufend anfallenden hohen Betriebskosten wie Wartung, Instandsetzung und Aktualisierung die Grenzen einer tragbaren und gleichzeitig effizienten IT-Infrastruktur.[50] Somit unterscheidet sich Cloud-Computing auch maßgeblich von den klassischen Anschaffungs- und Leasingmodellen, bei denen beispielsweise IT-Ressourcen bereitgestellt und unabhängig von Nutzung und Inanspruchnahme verrechnet werden.[51] Die Wirtschaftlichkeit sollte daher bei dauerhafter Inanspruchnahme der bereitgestellten IT-Ressourcen für Start-Ups und etablierte Unternehmungen aufrechtzuerhalten sein.

Die Aktualisierung von Hard- und Software scheint auch aufgrund des damit verbundenen internen Personalaufwandes immer unwirtschaftlicher zu werden. Die Etablierung von Cloud-Diensten hingegen bringt eine, durch den Dienstleister

---

[49] Baun et al. (2010), S. 117.
[50] Vgl. Bräuninger et al. (2012), S. 11.
[51] Vgl. Baun et al. (2010), S. 118.

immer auf dem aktuellsten Stand gehaltene Hard- und Software, die über das Netz bezogen wird.

Bei der Entscheidungsfindung in Bezug auf Cloud-Dienste in jungen Start-Ups und in etablierten Unternehmungen spielen diese Aspekte für die Bewertung des Cloud-Computing-Einsatzes daher eine ganz besondere Rolle. Sicherlich werden sich die wirtschaftlichen Entscheidungsparameter bei Start-Ups und etablierten Unternehmen in ihrer Relevanz und der zugemessenen Bedeutung unterscheiden. Ob und inwieweit unter anderem die Wirtschaftlichkeit in Bezug auf das Unternehmensstadium die Entscheidungsfindung beeinflussen kann, gilt es im folgenden Kapitel genau zu untersuchen und darzustellen.

3.2.2   Technische Dimension

Die technische Dimension hat bei der Entscheidungsfindung für Cloud-Dienste nahezu eine ebenso große Bedeutung wie die wirtschaftliche Dimension. Die Betrachtung der gesamten technischen Dimension und deren Analyse in Bezug auf die Entscheidungsfindung oder die strategische Analyse würde wahrscheinlich den Rahmen dieser Arbeit sprengen. Daher wird für die weitere Darstellung und Verdeutlichung der Oberbegriff der technischen Dimension in Datensicherheit und technische Umsetzung der Infrastruktur unterteilt. Beide Dimensionen spielen in der Betrachtung und Bewertung von Cloud-Diensten aus technischer Sicht eine hinreichend große Rolle.

Die Daten- und Informationssicherheit verdient in einer verlagerten IT-Infrastruktur, wobei unter Umständen auch mehrere Unternehmungen auf die gleiche Infrastrukturbasis zugreifen können, eine ganz besondere Beachtung. Es können je nach Unternehmenstyp und -stadium durchaus auch sensibles Know-how oder Geschäftsinformationen auf einer Speichereinheit in der Cloud abgespeichert sein. Diese neue Umstellung und der Wandel schaffen daher verschiedene Herausforderungen, die unternehmensspezifisch analysiert und abgewogen werden sollten.

Das Bundesamt für Sicherheit in der Informationstechnik widmet sich diesem Thema in besonderer Weise und stellt in seinem aktuellen Eckpunktepapier sicherheitsrelevante Punkte dar. Es führt auf, dass der Nutzen von Cloud-Lösungen innerhalb von Unternehmungen nur dann gewährleistet werden kann, wenn diese Cloud-Lösungen „auf hohem Sicherheitsniveau bereitgestellt werden".[52] Der Verlust über die Datenhoheit und Kontrolle der unternehmensspezifischen Daten sorgt innerhalb von Unternehmungen für Hemmnisse.[53] Jedoch kann dieser Aspekt je nach Unternehmensstadium – ob Start-Up oder bereits etablierte Unternehmung – zu einer unterschiedlichen Wahrnehmung und Bewertung führen.

Zweifelsohne müssen neben Datensicherheit und Datenschutz auch die technischen Hürden bei der Umstellung von klassischer IT-Infrastruktur zur Cloud überwunden werden. Obgleich sich diese Arbeit nicht mit verschiedenen Anbietern von Cloud-Diensten auseinandersetzt, kann es bei der Integration von Cloud-Diensten und den virtuell bereitgestellten IT-Ressourcen zu organisatorischen Unterschieden beim Workflow-Management kommen. Jedoch muss unterstrichen werden, dass die Integration der neuen Infrastruktur reibungslos ablaufen muss, um so die Gefahr eines möglichen Datenverlustes zu senken.[54]

Diese Aspekte können sich je nach Unternehmensstadium und vorhandener IT-Infrastruktur voneinander unterscheiden. Insbesondere bei der Workflow-Integration kann es darauf ankommen, ob und welche Art von IT-Infrastruktur bereits in einer Unternehmung vorhanden ist.

3.2.3 Rechtliche Dimension

Die rechtliche Dimension des Cloud-Computings und des Cloud-Einsatzes ist ebenfalls breit gefächert. Sie kann theoretisch auch Oberbegriffe wie Schadensersatz oder Kündigungsfristen beinhalten. In dieser Betrachtung soll sich die rechtliche Dimension des Cloud-Computings jedoch hauptsächlich auf die vertragliche Grundlage beschränken. Unterschiede beispielsweise in Haftungsangelegenheiten können bei einer Entscheidung ebenfalls ausschlaggebend sein, weshalb es bei einer möglichen Anwendung von Cloud-Diensten innerhalb einer Unternehmung einer Abwägung zwischen wirtschaftlichen und rechtlichen Chancen und Risiken bedarf.

---

[52] BSI (2012), S. 4.
[53] Vgl. Köhler-Schute (2011), S. 47f.
[54] Vgl. Köhler-Schute (2011), S. 27f.

Grundlage des Einsatzes von Public-Cloud-Diensten innerhalb einer Unternehmung ist in der Regel das Service Level Agreement (SLA), welches rechtlich bindende Vereinbarungen über Sicherheit, Prioritäten, Verantwortlichkeiten etc. beinhaltet.[55] Diese Dienstleistungsvereinbarung zwischen Anbietern und Nachfragern von Cloud-Diensten ist auch Grundlage für die Kontrolle der flexiblen Ressourcennutzung und die Abrechnung.[56] Dort vereinbarte Daten- und Informationssicherheitsaspekte müssen vom Dienstanbieter beachtet und gewahrt werden. Obgleich die Unternehmung bei der Verlagerung von Daten und Geschäftsprozessen in eine virtuelle Cloud auf eigenes Risiko handelt, muss durch den bereitstellenden Dienstleister eine gewisse Treue- und Fürsorgepflicht erfüllt werden, welche schließlich in der unabhängigen Zertifizierung von Cloud-Dienstleistern münden kann.[57]

Die vertragliche Grundlage beim Bezug von flexibler IT-Infrastruktur aus dem Netz unterliegt daher einer genaueren unternehmerischen Betrachtung. Oftmals sind Cloud-Anbieter europaweit oder transnational agierende Unternehmen, die ihre Dienstleistungen im Rahmen des Cloud-Computings selbstverständlich auch im deutschsprachigen Raum anbieten können.[58] Problematisch kann die Verlagerung der IT-Infrastruktur dann werden, wenn beispielsweise sensible Daten nicht auf einem Server innerhalb Deutschlands abgelegt sind, sondern sich in einem Land oder einer Region befinden, wo es unterschiedliche Datenschutzbestimmungen gibt. Hierbei kann es zu Problemen bei der wirtschaftlichen und rechtlichen Abwägung der Cloud-Dienste aus unternehmerischer Perspektive kommen.

4 Analyse und Vergleich der bedarfsorientierten und effizienten Ressourcennutzung

An dieser Stelle wird aufbauend auf den gesammelten Erkenntnissen aus den Grundlagen der bedarfsorientierte und effiziente Ressourceneinsatz strategisch analysiert und eine mögliche Entscheidungsfindung aus verschiedenen Blickwin-

---

[55] Vgl. Baun et al. (2010), S. 73f.
[56] Vgl. Baun et al. (2010), S. 74.
[57] Vgl. Köhler-Schute (2011), S. 48.
[58] Zum Beispiel internationale Cloud-Anbieter wie Amazon, Google oder Hewlett Packard.

keln durchleuchtet und dargestellt. Es folgt auf Grundlage der Analysen ein Vergleich der effizienten Ressourcennutzung aus Sicht eines Start-Ups und einer etablierten Unternehmung.

Bei den Analysen und anschließenden Vergleichen wird das Cloud-Computing ohne weitere Eingrenzungen in Bezug auf die Fertigungstiefe betrachtet. Praktischerweise wird lediglich die Public-Cloud berücksichtigt, da Private- und Hybrid-Cloud-Lösungen oftmals keine klare Abgrenzung zur klassischen Ressourcennutzung und -bereitstellung darstellen und die Grenzen an dieser Stelle eher fließend sind.

Eine Abgrenzung von Start-Ups zu etablierten Unternehmungen und die Darstellung der verschiedenen Standpunkte in Bezug auf Unternehmensentwicklung wurden bereits in den vorangegangenen Kapiteln durchgeführt und sind Grundlage der weiteren Vorgehensweise. Es ist ferner zu beachten, dass bei den Vergleichen und Auswertungen kein Branchenbezug und keine anbieterspezifische Analyse vorgenommen werden. Die Nutzung von Cloud-Diensten soll lediglich in Bezug auf die Unternehmensstadien bewertet und verglichen werden. Jedoch soll hiermit nicht ausgeschlossen werden, dass der Branchenbezug und eine mögliche Anbieterauswahl bei einer tatsächlichen Entscheidungsfindung relevant wären.

4.1 SWOT-Analyse aus unternehmerischer Perspektive

Im Folgenden werden auf Grundlage einer SWOT-Analyse die Chancen, Risiken, Stärken und Schwächen des Cloud-Computing-Einsatzes in einem jungen Start-Up und einer etablierten Unternehmung dargestellt und miteinander verglichen. Dabei werden die Ansätze aus den vorangegangenen Kapiteln im Sinne einer wissenschaftlichen Herangehensweise fortgeführt und erläutert.

4.1.1 Strategische Analyse aus Sicht eines Start-Ups

Für junge und dynamische Start-Ups kann der bedarfsorientierte Einsatz der IT-Ressourcen mittels Cloud-Lösungen besonders wichtig und von entscheidender Bedeutung sein. Jedoch kann der Einsatz auch Risiken bergen und Schwächen hervorbringen, die bei der Entscheidungsfindung in der Unternehmung berücksichtigt werden müssen.

Chancen

Der Zugriff auf ein breites Spektrum von innovativen IT-Ressourcen kann es einem jungen Start-Up ermöglichen, eine moderne und effektive IT-Infrastruktur zu nutzen, ohne selber in diese zu investieren. Das junge Start-Up kann sich mithilfe einer modernen IT-Infrastruktur auf das Kerngeschäft konzentrieren und vermeidet unnötigen Aufwand für den Aufbau und Betrieb einer IT-Abteilung. Dieser Aspekt schafft Standardisierung und eine hohe IT-Kompetenz in Start-Ups, ohne dass dafür Investitionen getätigt werden.

Die Vermeidung von Anfangsinvestitionen und Fixkosten ist eine weitere Chance des Cloud-Einsatzes in Start-Ups. Der Ressourcennutzung sollte gemäß den Erläuterungen in den vorangegangenen Kapiteln eine genaue nutzungsabhängige Abrechnung gegenüberstehen. Der direkte Bezug der Kosten zu den genutzten Ressourcen schafft eine transparente Kostenstruktur mit variabel steuerbaren Kosten. Das ermöglicht für junge Start-Ups kurz- und mittelfristige finanzielle Spielräume und kann daher als Chance gewertet werden.

Durch die Anwendung von Cloud-Diensten in Start-Ups wird aufgrund der Skalierbarkeit der angebotenen Ressourcen zusätzlich dafür gesorgt, dass Bedarfsschwankungen aufgefangen werden und der Einsatz der IT-Ressourcen effizient gestaltet werden kann. Es werden somit Überkapazitäten und im Umkehrschluss auch Ressourcenknappheit vermieden. Diese ausgeglichene Anpassung der IT-Ressourcen an den Bedarf kann für Start-Up-Unternehmungen die Chance schaffen, sich am Markt zu orientieren und die Geschäftsprozesse ohne Rücksicht auf Engpässe bei den Ressourcen nachfrageorientiert auszurichten.

Risiken

Obgleich durch den Einsatz von IT-Ressourcen über Cloud-Dienste ökonomische Vorteile geschaffen werden, kann die Preisentwicklung der bereitgestellten virtuellen IT-Infrastruktur nicht genau prognostiziert werden. Das Risiko für junge Start-Ups kann darin bestehen, dass die Preise unter Umständen durch den Anbieter angehoben werden können. Dies kann zur Folge haben, dass bei einer Abwägung von eigenverantwortlich bereitgestellter und über die Cloud bezogener IT-Infrastruktur die ökonomischen Vorteile der Cloud-Dienste bei zunehmender Abhängigkeit vom externen Anbieter geringer werden. Jedoch sollte erwähnt sein, dass die nutzungsabhängige Kostenentwicklung oder Preisstaffelung in der Regel vertraglich festgehalten wird, sodass das Risiko in Grenzen gehalten werden kann.

Das zu beachtende Risiko für junge Start-Ups besteht auch darin, dass die Kompetenz über die eigenen Prozesse und Daten bereits in einem sehr frühen und unreifen Stadium an einen externen Dienstleister verlagert wird. Es sollte den Start-Ups auf der einen Seite leichtfallen, diese noch nicht ganz gefestigten Strukturen zu verlagern. Auf der anderen Seite kann das Start-Up durch den Einsatz moderner Cloud-Lösungen die Kompetenz für eine eigene, in der Unternehmung etablierte Informationstechnologie dauerhaft verspielen. Obgleich es in den frühen Stadien der Unternehmung nicht allzu wichtig erscheinen mag, kann dieser Aspekt zu einer strategischen Hürde für die zukünftige Entwicklung der Unternehmung werden. Der Einsatz von modernen Cloud-Diensten sollte daher für die weitere Entwicklung und den Einsatz innerhalb der Unternehmung weiterhin kritisch betrachtet und in regelmäßigen Abständen unternehmensintern evaluiert werden.

Ebenso wird es sich mit der Bewertung von Datensicherheit und Datenschutz innerhalb von Start-Ups verhalten. Auch dieser Aspekt stellt ein Risiko dar, wird jedoch weitaus schwächer ins Gewicht fallen als bei etablierten Unternehmungen. Dieses Risiko sollte bei der Entscheidungsfindung innerhalb eines Start-Ups ebenfalls berücksichtigt werden. Obgleich es für eine junge Unternehmung zweitrangig erscheinen mag und die ökonomischen und organisatorischen Vorteile eher überwiegen werden, kann sich dieser Aspekt in den späteren Phasen als überlebensnotwendig erweisen und bedarf daher einer gesonderten Betrachtung.

Stärken

Zu den Stärken des Cloud-Einsatzes in einer jungen und dynamischen Unternehmung gehört zweifelsohne die Tatsache, dass durch die Nutzung von flexibel bereitgestellter Hard- und Software das Start-Up immer auf dem aktuellen technischen Stand gehalten wird. Hinzu kommt, dass bei Ausfällen oder technischen Problemen der Kundensupport des Dienstanbieters für eine rasche Behebung bereitstehen sollte. Beim eigenverantwortlichen Aufbau und Betrieb derartiger IT-Infrastruktur hätten der Service und eventuell die Aktualisierung von Software selber durchgeführt werden müssen. Das würde beispielsweise dauerhaft höhere

Personalkosten bedeuten, welches sich langfristig negativ auf die finanzielle Situation auswirken würde.

Der Einsatz von Cloud-Lösungen in jungen Start-Ups hat des Weiteren die Stärke, dass die Ressourcen relativ einfach und ohne größere technische Aufwendungen bereitgestellt, genutzt und abbestellt werden können. Hierbei kann auch erwähnt werden, dass die Ressourcen in der Regel sehr zeitnah in Anspruch genommen werden können. Diese Skalierbarkeit und Flexibilität ist nur möglich, weil die Ressourcen nicht innerhalb der Unternehmung bereitgestellt werden müssen, sondern von einem externen Anbieter quasi je nach Bedarf angemietet werden können. Unternehmungen benötigen für die Nutzung von Cloud-Diensten lediglich eine funktionierende und stabile Internetanbindung. Im Umkehrschluss kann diese Stärke der einfachen Bereitstellung der IT-Ressourcen über das Netz auch in einer Schwäche der Cloud-Dienste ausarten, welches unter anderem im weiteren Verlauf der SWOT-Analyse dargestellt werden soll.

Schwächen

Die stabile Anbindung an die virtuelle IT-Infrastruktur erfordert eine stabile, dauerhaft zugängliche und funktionierende Internetverbindung. Die durch den Einsatz virtueller IT-Ressourcen geschaffene Flexibilität kann in dieser Hinsicht etwas eingeschränkt werden. Sollte es keine oder eine nicht fehlerfrei funktionierende Internetanbindung in der Unternehmung geben, gibt es keine Möglichkeit, auf Daten und Anwendungen zuzugreifen. Somit ist das junge Start-Up auf die Zuverlässigkeit des Internets und deren Funktionalität angewiesen. Beim Ausfall der Internetverbindung können gleichzeitig auch alle Prozesse und Strukturen ausfallen. Dieser Aspekt spiegelt eine wesentliche Schwachstelle des Cloud-Einsatzes wider und muss daher beim Einsatz von Cloud-Diensten auch seitens der Start-Ups kritisch abgewogen werden.

Der Verzicht auf eine eigene IT-Kompetenz kann in den Jahren nach der Start-Up-Phase eine strategische Hürde für die Unternehmung darstellen, zumal die Anforderungen an die IT und an das IT-Management in der etablierten Phase mit Sicherheit steigen werden. Die dauerhafte Anbindung an einen Dienstleister und die Abhängigkeit von seinen Diensten können sich so zu einem schwer kalkulierbaren Faktor entwickeln und sollten bei der Entscheidungsfindung als langfristige

Schwäche des Cloud-Einsatzes innerhalb von Start-Up-Unternehmungen gewertet werden.

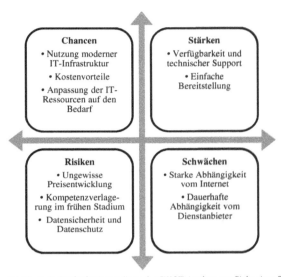

Abbildung 1: Grafische Darstellung der SWOT-Analyse aus Sicht eines Start-Ups

4.1.2 Strategische Analyse aus Sicht einer etablierten Unternehmung

Die strategische Analyse des bedarfsorientierten und effizienten Ressourceneinsatzes mittels Cloud-Lösungen bedarf bei etablierten Unternehmungen mit bis zu
250 Mitarbeitern einer planerischen Analyse. Der Einsatz von Cloud-Diensten
kann ebenfalls strategische Vorteile hervorbringen, jedoch auch elementare Ziel-
konflikte in Bezug auf IT-Management und IT-Kompetenz auslösen. Die im Vor-
feld dargestellten Dimensionen des Cloud-Einsatzes wurden auch an dieser Stelle
in einen kritischen Kontext mit Bezug auf das Unternehmensstadium gesetzt.

Chancen

Die Ausrichtung von Prozessen an eine Cloud-gestützte IT-Infrastruktur kann
einer etablierten Unternehmung ermöglichen, standardisierte Strukturen mit Lieferanten und Kunden aufzubauen und somit die Vorlaufzeit beispielsweise bei Neu-
einführungen zu verringern. Das ist möglich, weil dabei auf die große Vielfalt und

die Möglichkeiten einer professionellen IT-Infrastruktur zurückgegriffen werden kann, ohne erhebliche Investitionen zu tätigen. Das kann die Ausrichtung an den Markt erhöhen und somit die Anbindung und Anpassung der Prozesse an die Bedürfnisse einer breiteren Kundenbasis fördern. Auf diese Weise kann ein nennenswerter Mehrwert für die etablierten Unternehmungen durch den Einsatz moderner Cloud-Hard- und -Softwarelösungen entstehen.

Durch die Verlagerung der IT-Infrastruktur an einen professionellen Dienstleister kann sich die etablierte Unternehmung ebenfalls der Leistungserstellung als Kernkompetenz der Unternehmung widmen. Hinzu kommt die zumeist nicht unerhebliche Kosteneinsparung, die ebenfalls für eine etablierte Unternehmung als Chance des bedarfsorientierten und effizienten Einsatzes der IT-Ressourcen zu werten sein sollte. Die Nachvollziehbarkeit der Kosten nach dem Verursacherprinzip schafft Kostentransparenz und ermöglicht eine finanzielle Ressourcenplanung.

Durch die standardisierte IT-Infrastruktur und die damit geschaffenen einheitlichen Ressourcenzugriffe auf der Cloud kann eine etablierte Unternehmung mit mehreren Standorten womöglich Kosten für die Bereitstellung der Infrastruktur an anderen Standorten einsparen. Auf diese Weise kann auch die Redundanz in Bezug auf Daten und Informationen innerhalb einer etablierten Unternehmung verhindert werden. Dieser Aspekt stellt eine Chance des Cloud-Einsatzes dar und sollte bei etablierten Unternehmungen mit mehreren Standorten berücksichtigt werden.

Risiken

Aufgrund der Unternehmensgröße und der Verflechtungen von unternehmensinterner und virtueller IT-Infrastruktur kann es bei der Anwendung von Cloud-Diensten im Umkehrschluss auch zu Problemen und Herausforderungen bei der Workflow-Integration der Prozesse kommen. Etablierte Unternehmungen könnten vor der Herausforderung stehen, technisch und organisatorisch an die ausgelagerte IT-Infrastruktur anzuknüpfen und die Prozesse dementsprechend anzupassen bzw. auszurichten. Dieser Risikoaspekt kann zu Performanceproblemen führen und sollte von etablierten Unternehmungen berücksichtigt werden, damit der effiziente Workflow auch ununterbrochen gewährleistet werden kann.

Der Einsatz von Cloud-Diensten bzw. die Verlagerung von Prozessbereichen in eine Public-Cloud kann bei etablierten Unternehmungen zu einem Kompetenzverlust führen. Dies wäre beispielsweise bei einer Störung der Verbindung oder des Dienstes der Fall. Die Unternehmung wäre somit in ihrer Arbeit und ihren Prozessen quasi gelähmt. Die steigende Abhängigkeit von einem externen Dienstleister und die Abgabe von IT-Kompetenzen können im Umkehrschluss somit auch zu einem Kompetenz- und Identitätsverlust führen, welches langfristig durch etablierte Unternehmungen als Risiko zu bewerten wäre.

Die Abgabe von IT-Kompetenzen an einen Cloud-Anbieter kann ebenfalls zu Problemen beim Datenschutz und bei der Datensicherheit führen. Aufgrund der Tatsache, dass beispielsweise Datenspeicherung und Software ausgelagert werden, muss sich die Unternehmung auf Sicherheitsmaßnahmen des Anbieters verlassen. Auch wenn dieser Aspekt in einer vertraglichen Grundlage geregelt und verbindlich festgehalten sein sollte, handelt die etablierte Unternehmung auf eigenes unternehmerisches Risiko, wenn sie z.B. Daten in die Cloud verlagert. Das stellt ein nicht direkt kalkulierbares und beeinflussbares Risiko dar, welches bei der Entscheidungsfindung in etablierten Unternehmungen eine besondere Rolle spielen dürfte.

Stärken

Durch den externen Bezug der IT-Ressourcen aus einer Public-Cloud kann die etablierte Unternehmung ohne Rücksicht auf eventuelle Kapazitätsengpässe Leistungen erbringen und die Effizienz steigern. Die im Vergleich zur klassisch bereitgestellten IT-Ressource flexibel skalierbare IT-Ressource eröffnet einer etablierten Unternehmung somit mehr Spielraum in Bezug auf Anpassungsfähigkeit und Flexibilität. Dieser Aspekt kann eine langfristige Stärke des Cloud-Einsatzes in etablierten Unternehmungen widerspiegeln.

Die permanente Verfügbarkeit – sollte sie gegeben sein und durch den Anbieter gewährleistet werden – und die Aktualisierung der IT-Ressourcen durch den externen Dienstleister können für Stabilität in den Geschäftsprozessen und für geregelte und standardisierte Abläufe sorgen. Dieser Aspekt kann auch aufgrund der dadurch verkürzten Reaktionszeit auf Schwankungen im Bedarf von IT-Ressour-

cen wie z.B. Rechenleistungen ein Garant für zuverlässige und langfristig erfolg-
reiche Entwicklungen innerhalb einer etablierten Unternehmung sein.

Schwächen

Die entstehende Abhängigkeit vom störungsfreien Internet und von einer rei-
bungslosen Abwicklung durch den Dienstleister ist in etablierten Unternehmen als
eine Schwäche des bedarfsorientierten und effizienten Einsatzes von IT-
Ressourcen mittels Cloud-Lösungen zu werten. Fehler und Störungen bei der Bereitstellung der extern bezogenen IT-Ressourcen können dafür sorgen, dass die
Unternehmung quasi ihre Identität verliert und die Geschäftsprozesse und insbesondere die Daten nicht mehr eigenständig verwalten kann. Dieser Aspekt sollte
für etablierte Unternehmungen eine allgemeine Schwäche des bedarfsorientierten
und effizienten Ressourcengebrauchs mittels Cloud-Diensten darstellen.

Der Einsatz von Cloud-Diensten führt neben den vielen Chancen und Stärken jedoch auch zum Verlust der IT-Kompetenz innerhalb der etablierten Unternehmung. Zusätzlich werden auch die Kompetenz und die Hoheit über Prozesse an
den Cloud-Anbieter abgegeben, welches neben dem Risiko auch als Schwäche
des Cloud-Einsatzes zu beurteilen sein sollte.

Durch den breiten Einsatz von Cloud-Lösungen anstelle von unternehmensinterner IT-Infrastruktur verliert die etablierte Unternehmung unter Umständen auch
ein Alleinstellungsmerkmal gegenüber der Konkurrenz. Die in einer Public-Cloud
bereitgestellten Ressourcen wie Rechenleistung oder Speicherkapazität können
wie bereits erläutert im Ressourcenpool von mehreren Nachfragern gleichzeitig
genutzt werden. Das kann durchaus langfristig Wettbewerbsvorteile abbauen. Aus
Sicht einer etablierten Unternehmung wäre dieser Aspekt eine Schwachstelle bei
der bedarfsorientierten Ressourcennutzung über die Cloud.

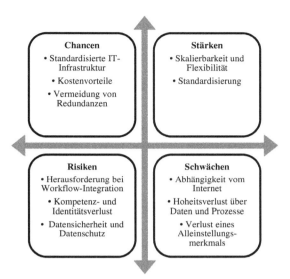

Chancen	Stärken
• Standardisierte IT-Infrastruktur • Kostenvorteile • Vermeidung von Redundanzen	• Skalierbarkeit und Flexibilität • Standardisierung
Risiken	Schwächen
• Herausforderung bei Workflow-Integration • Kompetenz- und Identitätsverlust • Datensicherheit und Datenschutz	• Abhängigkeit vom Internet • Hoheitsverlust über Daten und Prozesse • Verlust eines Alleinstellungsmerkmals

Abbildung 2: Grafische Darstellung der SWOT-Analyse aus Sicht einer etablierten Unternehmung

4.1.3 Vergleich der Ergebnisse

Bei den dargestellten Aspekten der Bewertung des bedarfsorientierten und effizienten Einsatzes von IT-Ressourcen mittels Cloud-Lösungen gibt es unterschiedliche Wahrnehmungen und Bewertungen zwischen Start-Ups und etablierten Unternehmungen. Hier werden zur Verdeutlichung die Ergebnisse der zuvor aufgestellten SWOT-Analyse miteinander verglichen, Schnittmengen aufgezeigt und unterschiedliche Wahrnehmungen unterstrichen.

Chancen

Bei den Chancen des Cloud-Einsatzes gibt es im Hinblick auf die Kosteneinsparung aus betriebswirtschaftlicher Sicht wesentliche Schnittmengen zwischen Start-Ups und etablierten Unternehmungen. Bei beiden Unternehmensstadien sorgt der Einsatz von Cloud-Diensten für eine klare und nutzungsabhängige Kostenstruktur. Es werden unnötige Erstinvestitionen vermieden und laufende Kosten wie für Wartung und Instandsetzung eingespart bzw. auf die Nutzung verteilt. Der Bezug zwischen Ressourcennutzung und verursachten Kosten steht auf diese

Weise klar im Vordergrund und kann für beide Unternehmenstypen bzw. -stadien finanzielle Spielräume schaffen.

Für Start-Ups kann dieser finanzielle Spielraum durch die Vermeidung von nicht unerheblichen Erstinvestitionen womöglich überlebensnotwendiger Natur sein. Bei etablierten Unternehmungen hingegen wird dieser Aspekt etwas weniger ins Gewicht fallen, kann jedoch auch hier unverändert eine relevante Entscheidungsgröße sein. Die Umwandlung von fixen Kosten in variable und in Bezug zur Nutzung zu setzende Kosten schafft einen kalkulatorischen und planerischen Mehrwert für beide Unternehmensstadien.

Trotz der womöglich schwierigen finanziellen Lage in der Gründungs- und Aufbauphase spielt es für Start-Ups eine umso größere Rolle, dass innovative und moderne IT-Ressourcen in der Unternehmung zum Einsatz kommen. Dieser Aspekt bietet bei Start-Ups eine der größten Chancen, wohingegen die etablierten Unternehmungen bereits Zugriff auf eine eigene IT-Infrastruktur haben sollten und bei ihnen der Einsatz von Cloud-Diensten in dieser Hinsicht nicht überlebensnotwendig sein wird. Hinzu kommt, dass durch den Einsatz von Cloud-Diensten und des damit verbundenen technischen Standards Start-Ups quasi die Eintrittskarte und die Grundlage für solides Wirtschaften erhalten.

Bei etablierten Unternehmungen hingegen sind eher Standardisierung und Prozessoptimierung oder allgemein die Prozessorientierung eine relevante Schlüsselgröße. Durch die Einführung von Cloud-Diensten können etablierte Unternehmungen ihre Prozesse und Prozessstrukturen verbessern und Schnittstellen zu Kunden und Lieferanten optimal ausnutzen. Hierdurch wird die Effizienz gesteigert und es können dementsprechend auch Wettbewerbsvorteile gegenüber der Konkurrenz aufgebaut werden.

Start-Ups haben durch den Cloud Einsatz die Möglichkeit, die Ressourcennutzung an den tatsächlichen Bedarf anzupassen, um somit Kosten einzusparen. Bei etablierten Unternehmungen mit mehreren Standorten kann die Einführung von Cloud-Diensten zur Vermeidung von Redundanzen in Daten und Informationen beitragen. Dieser Aspekt spielt wegen der überschaubaren Unternehmensgröße während der Aufbauphase für Start-Ups vorerst keine wesentliche Rolle und stellt dementsprechend auch keinen nennenswerten Mehrwert dar. Etablierte Unternehmungen hingegen können auch auf diese Weise einen Mehrwert erlangen, weshalb dieser Aspekt bei einer Entscheidungsfindung von Bedeutung ist.

Risiken

Beim Vergleich der Risiken von Cloud-Diensten gibt es zwischen Start-Ups und etablierten Unternehmungen Schnittmengen bei der Datensicherheit und beim Datenschutz. Obgleich dieser Aspekt für eine etablierte Unternehmung von weitaus größerer Bedeutung ist, sollte er bei einem Start-Up für die strategische Planung und Ausrichtung ebenfalls von Relevanz sein.

Eine etablierte Unternehmung ist darauf angewiesen, die Unternehmensdaten und das Know-how zu schützen. Dies kann bei der Bewertung von Cloud-Diensten zu einem elementaren Zielkonflikt führen, denn den betriebswirtschaftlichen und organisatorischen Vorteilen stehen Risiken bezüglich Datenschutz und Datensicherheit gegenüber. Eine etablierte Unternehmung muss abwägen, zu welchem Preis dieses Risiko einer womöglich durch Schwachstellen im Cloud-System entstehenden Sicherheitslücke zu tragen ist. Bei einem Start-Up liegt der Fokus womöglich eher auf den ökonomischen Kostenvorteilen und der durch den Einsatz von Cloud-Diensten geschaffenen Innovation. Daher wird der Aspekt des Datenschutzes etwas schwächer ausfallen. Durch die Verlagerung von Daten, Software oder gar ganzen Prozessen in die Cloud handeln Unternehmen auf eigenes Risiko. Obgleich die Datensicherheit seitens der externen Dienstleister gewährleistet sein sollte, stellt dieser Aspekt einen nicht unerheblichen Risikofaktor für beide Unternehmenstypen dar.

Für junge und dynamische Start-Ups liegen die Risiken bei der Preisentwicklung der durch einen externen Dienstleister zur Verfügung gestellten Ressource. Diese stellt – obgleich es vertragliche Rahmenbedingungen und Preisgarantien geben kann – ein wenn auch kleines Risiko dar, welches seitens der Start-Ups berücksichtigt werden sollte.

Ein weiterer Risikofaktor für beide Unternehmensstadien ist der Verlust der IT-Kompetenz. Etablierte Unternehmungen machen sich durch den Einsatz von Cloud-Diensten von einer rechtlich eigenständigen Unternehmung abhängig und geben ihre IT-Kompetenz quasi mehr oder weniger auf bzw. verringern diese auf ein Minimum. Das kann zur Folge haben, dass unkalkulierbare strategische Risiken für die Zukunft entstehen und langfristige Nachteile unvermeidbar werden.

Start-Ups hingegen haben im Vergleich das Problem, in einer sehr frühen Phase die IT-Kompetenz abzugeben. Somit wird für die Zukunft eine Rückgewinnung oder Erlangung dieser zumeist überlebensnotwendigen Kompetenz erschwert. Das kann genauso wie bei einer etablierten Unternehmung zu strategischen Fehltritten und zu unkalkulierbaren Abhängigkeiten führen, welches auch mit nicht ganz absehbaren Risiken verbunden sein wird.

Etablierte Unternehmungen unterliegen dem Risiko, dass sie sich aufgrund der Verlagerung in die Cloud ihre Prozesse und Strukturen ebenfalls von einem externen Dienstleister abhängig machen. Das kann dazu führen, dass der Erfolg einer Unternehmung der Zuverlässigkeit oder aber auch der Willkür des externen Dienstanbieters ausgesetzt ist. Hinzu kommt, dass zu jeder Zeit der ungestörte Workflow gewährleistet werden muss. Diese Abhängigkeit könnte beispielsweise die Preise für eine gewisse Dienstleistung erhöhen, ohne dass die Unternehmungen eine Alternative hätten, diese Ressource wieder in kurzer Zeit eigenständig bereitstellen und nutzen zu können. Obgleich dieser Aspekt auch von Start-Ups berücksichtigt werden sollte, stellt er doch ein weitaus größeres Risiko für etablierte Unternehmungen dar.

Stärken

Die Stärke des bedarfsorientierten und effizienten Ressourceneinsatzes mittels Cloud-Lösungen ist primär die Skalierbarkeit der zur Verfügung gestellten IT-Ressourcen. Für Start-Ups und auch etablierte Unternehmungen spielt dieser Aspekt eine hinreichend große Rolle, denn er führt dazu, dass Kapazitätsengpässen und Ressourcenüberschüssen vorgebeugt wird und die Prozesse somit standardisiert werden. Obgleich dieser Effekt bei den verschiedenen Unternehmensstadien unterschiedlich stark zur Geltung kommen wird, ist diese Stärke des effizienten Ressourceneinsatzes eine einheitliche Schnittmenge in der Wahrnehmung durch beide Unternehmensstadien.

Start-Ups können zudem vom bereitgestellten hohen technischen Niveau profitieren, welches ihnen in diesem Umfang bei eigenständiger Anschaffung aufgrund finanzieller Schwierigkeiten in der Gründungsphase verwehrt geblieben wäre. Hinzu kommt, dass Start-Ups in verschiedenen Phasen ihres Bestehens auch verschiedene Anforderungen an die IT-Infrastruktur stellen können. Hierzu können beispielsweise die Veränderung der Ausrichtung der Unternehmung, der Branchenwechsel oder gar die komplette Auflösung der Unternehmung gehören. Der Bezug der IT-Infrastruktur aus dem Netz und die zeitnahe Skalierbarkeit sind daher für Start-Ups ausschlaggebende Stärken des Cloud-Einsatzes.

Diese Aspekte treffen womöglich bei etablierten Unternehmungen in dieser Relevanz nicht zu, da diese die Gründungs- und Findungsphase bereits hinter sich gebracht haben. Jedoch kann die Skalierbarkeit als Stärke des Cloud-Einsatzes in etablierten Unternehmungen gewertet werden. Dieser Aspekt ermöglicht es den etablierten Unternehmungen – ebenso wie den Start-Ups – sich unabhängig von ihrer Kapazität und jeweiligen Engpässen auf die primäre Leistungserstellung zu konzentrieren.

Schwächen

Bei den Schwächen des Cloud-Einsatzes innerhalb von Unternehmungen gibt es zwischen Start-Ups und etablierten Unternehmung Schnittmengen in den Abhängigkeiten. Obgleich dieser Aspekt auch als Risiko zu bewerten ist, stellt er für Unternehmungen auch eine Schwäche des Cloud-Einsatzes dar. Denn die Abhängigkeit von einer funktionierenden Internetanbindung und den Diensten eines externen Dienstleisters kann im Umkehrschluss die Prozesse und Strukturen innerhalb von Unternehmungen destabilisieren. Sowohl in Start-Ups als auch in etablierten Unternehmungen muss diese Abhängigkeit analysiert und in der Entscheidungsfindung über die Einsatztiefe von Cloud-Diensten berücksichtigt werden.

Zu der besagten Abhängigkeit kommt die Tatsache hinzu, dass die IT-Kompetenz innerhalb der Unternehmung abgebaut wird. In Start-Ups wird diese IT-Kompetenz erst gar nicht entstehen, bei etablierten Unternehmungen hingegen abgebaut. Start-Ups können in der weiteren Entwicklung womöglich strategische Schwierigkeiten bei der Erlangung von IT-Kompetenzen und IT-Management haben. Etablierte Unternehmungen hingegen geben die Hoheit über ihre Daten und die Prozessstrukturen ab. Das kann mittelfristig ebenfalls zu einer strategischen Hürde werden. Diese Schwachstellen müssen bei der Entscheidungsfindung in Bezug auf den Einsatz von Cloud-Diensten innerhalb von Unternehmungen auch berücksichtigt und mit den Stärken abgewogen werden.

Eine weitere Schwäche des Cloud-Einsatzes in etablierten Unternehmungen stellt der Verlust des Alleinstellungsmerkmals dar. Aufgrund des Zugriffs auf eine allgemein zugängliche IT-Infrastruktur können etablierte Unternehmungen wichtige Alleinstellungsmerkmale verspielen. Für Start-Ups wird dieser Aspekt eher eine sekundäre Rolle spielen. Diese Unternehmungen zeichnen sich ohnehin durch ihren Innovationsgeist aus. Dabei stellen die IT-Infrastruktur und deren Bereitstellung eher einen zweitrangigen und unwichtigen Aspekt der Alleinstellung dar.

4.2   Allgemeine Auswertung relevanter Entscheidungsparameter

Die Chancen, Risiken, Stärken und Schwächen des Cloud-Einsatzes innerhalb von Unternehmungen lassen sich wie dargestellt je nach Unternehmensstadium – obgleich es bei einigen Aspekten wesentliche Schnittmengen geben kann – unterschiedlich gewichten. Diese verschiedene Wahrnehmung des effizienten und bedarfsorientierten Bezugs der IT-Ressourcen kann sich während einer Entscheidungsfindung in unterschiedlichen Entscheidungsparametern kenntlich machen.

Zusammenfassend lassen sich bei einer Entscheidungsfindung in Start-Ups einige Hauptentscheidungsparameter klar definieren. Zu diesen Parametern gehört zweifelsohne die Wirtschaftlichkeit des On-Demand-Einsatzes von IT-Ressourcen. Kostenvorteile sind für die besagten Unternehmungen in der Gründungs- und Aufbauphase von besonderer Bedeutung. Individuelle Skalierbarkeit und die Anpassung der Ressourcenmenge an die Nachfrage erhöhen somit die Anpassungsfähigkeit einer Start-Up-Unternehmung bei tendenziell geringeren Fixkosten. Hinzu kommt der hohe technische Standard der IT-Infrastruktur, der durch eigene Investitionen womöglich technisch und wirtschaftlich in der Gründungs- und Aufbauphase nicht zu tragen gewesen wäre.

Sicherlich spielen Datensicherheit und der Schutz unternehmensinterner Daten bei einer Entscheidung ebenfalls eine Rolle. Jedoch wird dieser Punkt insbesondere bei Start-Ups deutlich schwächer ausfallen als bei einer etablierten Unternehmung. Das kann beispielsweise damit in Verbindung gebracht werden, dass es womöglich aufgrund des frühen Stadiums noch kein unternehmensspezifisches

Know-how gibt, das zu schützen wäre. Jedoch kann es sicherlich vereinzelt bei innovativen Start-Ups auch dazu kommen, dass eine neuartige Idee geschützt werden muss. Dieser Aspekt kann bei einer branchenbezogenen Betrachtung selbstverständlich stärker ins Gewicht fallen als in dieser allgemeinen Betrachtung.

Für etablierte Unternehmungen hingegen lassen sich Workflow-Integration und Datensicherheit als entscheidungsrelevante Parameter definieren. Bei besagten Unternehmungen wird bei der Entscheidungsfindung den organisatorischen Aspekten eine besondere Relevanz zugesprochen, zumal die Prozesse und Strukturen nahtlos ineinander übergehen und einwandfrei funktionieren müssen. Insbesondere bei Unternehmungen mit mehreren Standorten oder einem hohen Grad an Lieferanten- und Kundenbindungen spielen die Konsistenz der Datenbasis und die Zuverlässigkeit der Dienste eine ganz besondere Rolle.

Ein weiterer Entscheidungsparameter ist zweifelsohne die Datensicherheit, welches aus der Sicht einer etablierten Unternehmung als kritische Analysegröße betrachtet wird. Dem Datenschutz wird eine weitaus größere Bedeutung beigemessen als bei Start-Ups. Sensible Daten müssen geschützt werden, sodass bei der Integration von Cloud-Diensten oder der Anbieterauswahl besonders sorgfältig abgewogen und nach zuvor festgelegten Kriterien eine Entscheidung über Art und Umfang des Cloud-Einsatzes getroffen werden muss.

Diese Entscheidungsparameter lassen sich – wie bereits ersichtlich – in harte und weiche Faktoren aufschlüsseln. Harte Faktoren sind genau messbare und quantifizierbare Schlüsselgrößen, wohingegen die weichen Faktoren eher schwer zu messen sind. Eine tatsächliche Entscheidungsfindung wäre unter Berücksichtigung der harten Faktoren beispielsweise an eine praxisbezogene Wirtschaftlichkeitsanalyse geknüpft. Weiche Faktoren, wie z.B. die Datensicherheit, lassen sich nur schwer messen und quantitativ darstellen. Hierbei kann man sich lediglich auf unabhängige Zertifizierungen und Standards verlassen. Die mögliche Einteilung in harte und weiche Faktoren bei einer Entscheidungsfindung soll jedoch nicht die Relevanz der einzelnen Parameter herunterspielen. Vielmehr ist lediglich auf Grundlage der dargestellten Entscheidungsparameter unter Berücksichtigung der harten und weichen Faktoren eine Entscheidungsfindung möglich.

5 Schlussbetrachtung

Wie in den vorangegangenen Kapiteln dargestellt wurde, bedarf der Einsatz von skalierbaren IT-Ressourcen über Cloud-Dienste einer Betrachtung und Bewertung aus unternehmerischer Sicht. Hierbei ist es von großer Bedeutung, zu differenzieren, dass bei der Bewertung des Cloud-Einsatzes Aspekte wie Kosten, Datenschutz und -sicherheit oder Workflow-Integration in den Vordergrund rücken, je nach Unternehmensstadium aber verschieden gewichtet werden können.

Für Start-Ups ist bei aktueller Betrachtung der bedarfsorientierte und effiziente Bezug der IT-Infrastruktur aus der Cloud überlebensnotwendig. Er scheint mehr Vorteile bzw. Chancen und Stärken hervorzubringen, als er Risiken und Nachteile schafft. Es liegt auf der Hand, dass Start-Ups aufgrund ihres Unternehmensstadiums eine größere Affinität in Bezug auf den Cloud-Einsatz mitbringen und diese wegen knapper finanzieller Mittel und infolge des Bedarfs einer modernen IT-Infrastruktur ausschöpfen werden. Dabei sind Vorteile und Chancen des Cloud-Einsatzes scheinbar größer gewichtet als die Risiken und Schwächen, die zweifelsohne auch auf ein Start-Up zukommen können. Infolgedessen werden strategische Überlegungen, beispielsweise über die Kompetenzverlagerung oder der Datensicherheit, eher vernachlässigt.

Im Gegensatz zu Start-Ups bedarf es bei etablierten Unternehmungen einer genaueren planerischen Betrachtung und Bewertung. Der Bezug der IT-Infrastruktur aus dem Netz ist eine strategische Entscheidung, bei der selbstverständlich kurz- oder mittelfristige Kostenvorteile im Vergleich zu Start-Ups eine abgeschwächte Rolle spielen. Aspekte wie Datensicherheit und Datenschutz, aber auch die Wahrung einer zukünftigen IT-Kompetenz haben bei etablierten Unternehmungen eine hinreichend große Relevanz.

Der bedarfsorientierte und effiziente Einsatz von IT-Ressourcen in Start-Ups und etablierten Unternehmungen hat das Potential, die IT-Landschaften in den Unternehmungen dauerhaft zu prägen. Die neue Dynamik, welche durch den Einsatz von modernen Cloud-Diensten geschaffen wurde, wird sich mit großer Wahrscheinlichkeit weiter entfalten und immer mehr Aufgabenbereiche betreffen. Das wird die Anbieter und Nachfrager selbstverständlich vor größere Problemstellungen bringen, die zu meistern sein werden. Start-Ups wie auch etablierte Unternehmungen werden in Zukunft wahrscheinlich mehr denn je vor der enormen Herausforderung stehen, die Vorzüge der flexibel skalierbaren Cloud-Lösungen gegen die möglichen individuellen Nachteile und Risiken abzuwägen. Dabei ist es entscheidend, dass die Wahrnehmung und die Präferenzen bzw. Entscheidungsparameter geprägt von der jeweiligen Unternehmenssituation immer individuell beurteilt werden. Es kann indes auch sein, dass sich in Zukunft die Wahrnehmung gewisser Entscheidungsparameter verändern wird und somit auch neue Problembereiche oder aber auch Lösungsansätze geschaffen werden. So können beispielsweise bei Start-Ups auch mögliche strategische Beweggründe in den Vordergrund rücken und Einfluss auf die Art und den Umfang flexibler IT-Ressourcennutzung über das Netz ausüben.

Zusammenfassend kann resümiert werden, dass mit der bedarfsorientierten und effizienten Nutzung von IT-Ressourcen über die Cloud ein neuer, sehr dynamischer Wirtschaftszweig entsteht. Dieser wäre fast vergleichbar mit dem Bezug von Strom aus dem öffentlichen Netz. Womöglich wird dieser neue Trend jedoch aufgrund der großen Potentiale eine weitreichendere Veränderung in der IT-Welt und innerhalb von Unternehmungen – welcher Größe und welches Stadiums auch immer – bewirken. Diese enorme Dynamik wird dafür sorgen, dass sich in Zukunft das IT-Management und die IT-Kompetenz in Unternehmungen stark verändern werden und mit neuen Herausforderungen konfrontiert sind. Bedarfsorientierung und Effizienz gewinnen bei solch einer Betrachtung eine große Relevanz. Dabei kann und wird es jedoch mit Sicherheit nicht bleiben, denn der Cloud-Einsatz innerhalb von Unternehmungen hat mehrere Facetten und Gesichter, die differenziert betrachtet, analytisch ausgewertet und je nach Unternehmensstadium zu einer Entscheidung gebracht werden müssen.

Dennoch kann gesagt werden, dass der bedarfsorientierte und effiziente Ressourceneinsatz über die Cloud bei aktueller Betrachtung mehr Attraktivität für Start-Ups bietet und ihnen die Chance ermöglicht, sich in einer neuen Branche zu behaupten. Etablierte Unternehmungen hingegen müssen in einer strategischen Herangehensweise die Vor- und Nachteile genauer erörtern.

Allgemein betrachtet wird jedoch keine ultimative Einschätzung für die Zukunft des bedarfsorientierten und effizienten IT-Ressourceneinsatzes in Start-Ups und etablierten Unternehmungen möglich sein. Es gilt zu unterstreichen, dass dieser neue, dynamische Wirtschaftszweig mit Sicherheit weiter wachsen wird. Womöglich werden junge und dynamische Start-Ups diesen neuen Trend und die Vorzüge in Zukunft weiterhin vermehrt in Anspruch nehmen, wohingegen etablierte Unternehmungen eine genauere strategische Prüfung ansetzen werden. Auch für Start-Ups kann sich eine strategische Herangehensweise als nützlich und in der Zukunft wahrscheinlich als unumgänglich erweisen.

Literaturverzeichnis

Baun, Christian; Kunze, Marcel; Nimis, Jens; Tai, Stefan (2010): Cloud Computing – Web-basierte dynamische IT-Services, 2.Aufl., Heidelberg/Dordrecht/London/New York 2010.

BITKOM (2010): Cloud Computing – Was Entscheider wissen müssen. Berlin 2010, http://www.bitkom.org/de/publikationen/38337_66148.aspx, abgerufen am 28.11.2012.

BITKOM (2012): München und Berlin sind die IT-Gründerzentren, Presseinformation, Berlin 2012, http://www.bitkom.org/files/documents/BITKOM_PK_Gruenderstudie_06_11_2012.pdf, abgerufen am 11.11.2012.

Blank, Steve (2010): What's A Startup? First Principles, o.O. 2010, http://steveblank.com/2010/01/25/whats-a-startup-first-principles/, abgerufen am 01.11.2012.

BMWi (2010):– Der IKT-Standort im internationalen Vergleich, in: Monitoring-Report Deutschland Digital 2010 (Kurzfassung), Berlin 2010, http://www.bmwi.de/DE/Mediathek/publikationen,did=372162.html, abgerufen am 12.11.2012.

BMWi (2011): Der IKT-Standort im internationalen Vergleich, in: Monitoring-Report Deutschland Digital 2011 (Langfassung), Berlin 2011, http://www.bmwi-.de/DE/Mediathek/publikationen,did=461760.html, abgerufen am 12.11.2012.

Boos, Chris (2012): Cloud Computing – Die Herausforderung für etablierte Unternehmen, in: Cloud User, Groß-Bieberau 2012, http://clouduser.de/meinungen/-cloud-computing-die-herausforderung-fur-etablierte-unternehmen-6472, abgerufen am 28.10.2012.

Böhm, Ingeborg; Jost, Vera; Reuther, Ursula; Röcken, Bernd; Voigt, Martina; Weißbach, Hans-Jürgen; Wiecha, Michele (2005): Kompetenzentwicklung in Start-up-Unternehmen – Strategien und Besonderheiten, in: QUEM-report, Heft 93, Berlin 2005, S. 48, http://www.abwf.de/content/main/publik/report/2005/report-93.pdf, abgerufen am 01.11.2012.

Böhm, Markus; Leimeister, Stefanie; Riedl, Christoph; Krcmar, Helmut (2009): Cloud Computing: Outsourcing 2.0 oder ein neues Geschäftsmodell zur

Bereitstellung von IT-Ressourcen?, in: Die Fachzeitschrift für Information Management und Consulting, Heft 2, 2009, S. 6-14.

Bräuninger, Michael; Haucap, Justus; Stepping, Katharina; Stühmeier, Torben (2012): Cloud Computing als Instrument für effiziente IT-Lösungen, in: HWWI Policy Paper 71, Hamburg 2012, http://www.hwwi.org/publikationen/publikationen-einzelansicht/cloud-computing-als-instrument-fuer-effiziente-it-loesungen///6405.html, abgerufen am 16.11.2012.

BSI (2012): Sicherheitsempfehlungen für Cloud Computing Anbieter – Mindestanforderungen in der Informationssicherheit, in: Eckpunktepapier Bundesamt für Sicherheit in der Informationstechnik, Bonn 2012, https://www.bsi.bund.de/DE-/Themen/CloudComputing/Eckpunktepapier/Eckpunktepapier_node.html, abgerufen am 17.11.2012.

Carr, Nicholas G. (2003): IT Doesn't Matter, in: Harvard Business Review, Reprint R0305B, 2003, S. 5-12.

Europäische Kommission (2003): Amtsblatt der Europäischen Union L 124/36, bekanntgegeben unter Aktenzeichen K (2003) 1422, Brüssel 2003, http://eur-lex-.europa.eu/LexUriServ/LexUriServ.do?uri=OJ:L:2003:124:0036:0041:DE:PDF, abgerufen am 05.11.2012.

Fink, Lars (2012): So gewinnen Start-ups begehrte Entwickler für sich, in: Deutsche-Startups, Berlin 2012, http://www.deutsche-startups.de/2012/11/26/so-gewinnen-start-ups-begehrte-entwickle/, abgerufen am 05.11.2012.

Fowler, Geoffrey A.; Worthen, Ben (2009): The Internet Industry Is on a Cloud – Whatever That May Mean, in: The Wall Street Journal (Onlineausgabe), Europe Edition (Hrsg.), 2009, http://online.wsj.com/article/SB123802623665542725-.html, abgerufen am 10.11.2012.

Förderland (o.J.): Early Stages, Kissing o.J., http://www.foerderland.de/20-24.0.html, abgerufen am 01.11.2012.

Google Trends (2012): Suche nach dem Begriffspaar Cloud-Computing, http://www.google.com/trends/, abgerufen am 13.11.2012.

Haselmann, Till; Vossen, Gottfried (2010): Working Paper No. 3: Database-as-a-Service für kleine und mittlere Unternehmen – Ein praxistauglicher Leitfaden für KMU, die „in die Cloud gehen" möchten, in: Institut für Wirtschaftsinformatik, Westfälische Wilhelms-Universität Münster, Münster 2010, http://www.wi-.uni-muenster.de/pi/iai/publikationen/DaaS-fuer-KMU.pdf, abgerufen am 15.11.2012.

Heng, Stefan; Neitzel, Stefan (2012): Cloud Computing – Freundliche Aussichten für die Wolke, in: DB Research, Frankfurt am Main 2012, http://www.db-research.de/PROD/DBR_INTERNET_DE-PROD/PROD0000000000283604.pdf, abgerufen am 18.11.2012.

Hermes, Heinz-Josef; Schwarz, Gerd (2005): Outsourcing – Chancen und Risiken, Erfolgsfaktoren, rechtssichere Umsetzung, München 2005.

IfM (2012): KMU-Definition des IfM Bonn, Bonn 2012, http://www.ifm-bonn.org/index.php?id=89, abgerufen am 01.11.2012.

Jemili, Houssem (2011): Business Process Offshoring – Ein Vorgehensmodell zum globalen Outsourcing IT-basierter Geschäftsprozesse, Wiesbaden 2011 (zugl. Dresden, Techn. Univ., Diss., 2010).

Köhler-Schulte, Christiana (2011): Cloud Computing: Neue Optionen für Unternehmen, Berlin 2011.

Meir-Huber, Mario (2010): Cloud Computing – Praxisratgeber und Einstiegsstrategien, Frankfurt am Main, 2010.

Novum (2011): IT-Outsourcing oder Cloud Computing, eine Alternative?, in: Novum, 2011, S. 33-35, http://www.noventum.de/index.php/downloads-243.html, abgerufen am 12.11.2012.

Rothenberger, Jan (2012): Was ist ein Startup?, in: Startwerk.ch. Zürich 2012, http://startwerk.ch/2012/11/07/der-streit-um-eine-definition-was-ist-ein-startup/, abgerufen am 09.11.2012.

Rüter, Andreas; Schröder, Jürgen; Göldner, Axel; Niebuhr, Jens (2010): IT-Governance in der Praxis, 2. Aufl., Berlin/Heidelberg 2010.

Semmann, Claudius (2011): IT-Kompetenz wird zur Eintrittskarte, in: DVZ – Deutsche Logistik-Zeitung, Heft 56, 2011, S. 47. http://www.krallmann.com-/presse.html?file=tl_files/PDFs/DVZ_56%202011-5-10%20IT-Kompetenz%20-wird%20zur%20Eintrittskarte.pdf, abgerufen am 12.11.2012.

Sosinsky, Barrie (2011): Cloud Computing Bible, Indianapolis 2011.

Statistisches Bundesamt (2011): Unternehmen und Arbeitsstätten – Nutzung von Informations- und Kommunikationstechnologien in Unternehmen. Wiesbaden 2011, https://www.destatis.de/DE/Publikationen/Thematisch/UnternehmenHand-werk/Unternehmen/InformationstechnologieUnternehmen.html, abgerufen am 03.11.2012.

Stegeman, Andrea (2011): Einsatz von ERP-Lösungen in der Industrie, in: Konradin ERP-Studie 2011, Leinfelden-Echterdingen 2011, http://www.industriean-zeiger.de/c/document_library/get_file?uuid=9ebf7124-0928-44c0-b63a-33d4282-42c4e&groupId=32571342, abgerufen am 15.11.2012.

TCW (2008): Produktionsfaktor IT – Informationstechnologie als Enabler einer Lean Production, München 2008, http://www.tcw.de/news/produktionsfaktor-it-informationstechnologie-als-enabler-einer-lean-production-390, abgerufen am 15.11.2012.

Techconsult (2008): IT und E-Business im Mittelstand 2008 – Eine Untersu-chung der techconsult GmbH im Auftrag von IBM und der Zeitschrift Impulse, Kassel 2008, http://www.impulse.de/downloads/impulse_IBM_Studie_2008.pdf, abgerufen am 02.11.2012.

Techconsult (2012): Cloud-Einsatz im Mittelstand wird strategisch, Kassel 2012, http://www.it-cloud-index.de/downloads/Cloud-Bericht%20Q2%202012.pdf, ab-gerufen am 28.11.2012.

T-Systems (o.J.): Alternative Sourcing-Strategie für Unternehmens-ICT, in: T-Systems White Paper Cloud Computing I, Frankfurt (o.J.), https://www.t-systems.de/umn/uti/752894_2/blobBinary/WhitePaper_Cloud-Computing-I-ps.-pdf?ts_layoutId=854698, abgerufen am 05.11.2012.

Wadsworth, Kirby (2010): Einheitliche Bereitstellung von Anwendungen und Daten: Modell für den Aufbau einer dynamischen IT-Infrastruktur, in: F5 White Paper. Seattle 2010, http://www.f5networks.de/content/dam/f5/corp/de/de/pdf-/white-papers/dynamic-it-wp.pdf, abgerufen am 18.11.2012.